DISCOURS

PRONONCÉ PAR

M. l'Abbé HUREL

Chanoine honoraire de l'insigne basilique de Lorette

A LA MESSE DE MARIAGE

DE

M. Léon-Aubin Doré

AVEC

Mlle Marie-Adèle Michel

Dans l'église de Lieusaint

LE 7 DÉCEMBRE 1885

En présence de cette assemblée sympathique, de cette double famille unissant ses prières aux miennes pour ajouter encore à votre bonheur ; en présence de tous ces cœurs de parents et d'amis, où tressaille une même espérance, permettez-moi de vous dire l'importance de la démarche que vous allez faire.

Dieu, qui venait de créer le monde, réunit dans le Paradis terrestre toutes les merveilleuses inventions de sa bonté. Le Ciel est habité ; la terre aussi aura ses habitants pour célébrer la gloire de Dieu. Dieu qui avait créé l'homme à son image et à sa ressemblance lui donne une compagne et laisse tomber de ses lèvres cette parole qui résume la vie du Ciel comme celle du Paradis terrestre : Aimez-vous ! La femme tend la main à la main que lui présente son époux, et l'union naturelle du mariage est déjà instituée dans ce chef-d'œuvre de la Paternité créatrice. Le Sacrement de mariage, institué par Jésus-Christ, constate et sançtifie cette union. Vous n'êtes pas deux, vous êtes un ; vous n'avez pas deux cœurs, vous n'avez qu'un cœur, une seule aspiration, une seule volonté, et quand vous aurez dit devant votre pasteur et devant vos témoins : Je vous prends pour ma légitime épouse ; je vous prends pour mon légitime époux, l'association humaine sacramentelle est faite sans possibilité d'y revenir. Ce sera l'éternel honneur de l'Eglise catholique de dire à tous les époux jusqu'à la fin des siècles : *Quod Deus conjunxit, homo non separet* ! On ne sépare pas ce que Dieu a uni !

Il n'y a rien de futil dans ce oui sacramentel que vous allez prononcer. Ses conséquences sont de la plus haute importance ; sur ce terrain il n'y a pas de variation possible ; on ne reprend pas ce que l'on a une fois donné ; la parole est plus qu'une parole d'honneur, c'est une parole sacrée. Le lien est si étroit qu'aucune force humaine ne saurait le délier ; le temps, ce grand destructeur, ne doit que le consolider. A cette alliance de deux cœurs et de deux destinées qui vont se fusionner, il faut que l'on puisse adresser cet éloge que la Bible fait de Jacob et de Rachel : « Leurs années étaient pour eux des jours, tant ils s'aimaient ! »

Je n'insisterai pas sur les obligations du saint état dans lequel vous allez entrer. Vous n'ignorez pas ce qu'en dit l'apôtre : *Sacramentum hoc mag-*

num est ! C'est un grand Sacrement que le mariage ! Laissez-moi donc rassembler mes souvenirs et considérer de près ces deux cœurs qui viennent aujourd'hui solliciter le bonheur de la bonté de Dieu

Pour vous, Mademoiselle, je sais avec quels soins délicats et quelle affectueuse tendresse vous avez été élevée. Enfant privilégié, vous avez reçu de Dieu cette première de toutes les fortunes : un bon père et une bonne mère. Vous ne les avez jamais quittés, et, près d'eux, vous avez grandi dans les connaissances qui ornent l'esprit et dans la pratique des vertus qui embellissent le cœur. Vous viviez près d'une sœur bien-aimée et d'un frère chéri dans l'accord le plus parfait, et, grâce à votre humeur franche et gracieuse, vous comptiez autant d'amies que de compagnes. Vous avez appris la vie pratique sous les yeux d'un père, personnification incontestée du travail intelligent, de la loyauté et de l'honneur ; près d'une mère qui vous rappelait la femme forte de nos Livres saints, si bien faits tous deux pour vous façonner à cette vie d'activité et de dévouement à laquelle la Providence devait vous appeler un jour.

Ce jour est arrivé. Voici que vous allez devenir reine : le gouvernement d'une grande maison de commerce, c'est vraiment une royauté. Vous partagerez le sceptre à deux. Vous serez reine par l'énergie du caractère, par la douceur et par la bonté, et la prédiction du sage se réalisera : « Votre époux et votre maison vous donneront des éloges : *Beatissimam prœdicaverunt, vir ejus et landavit eam !* » Sur ce nouveau terrain où vous allez porter votre houlette, on verra votre précoce expérience vous gagner tous les cœurs.

Votre modestie ne m'en voudra pas trop, Mademoiselle, si en disant ce que vous êtes et ce que vous serez, j'ai fait le portrait de la jeune fille soumise à la famille, et par anticipation celui de la femme vertueuse, telle que Dieu la veut, telle que les honnêtes gens, les vrais chrétiens, telle que la maison où vous régnerez la réclament.

Avoir parlé de votre épouse, vous ne me contredirez pas, Monsieur, c'est avoir parlé de vous. Par votre choix, nous vous connaissons déjà. Le bien attire le bien. Un grand cœur appelle un grand cœur. Les contraires se repoussent ; les similitudes brûlent de s'unir... Vous voulez être à la hauteur de votre mission et faire fleurir toutes vos entreprises. Voilà pourquoi vous avez voulu vous associer une compagne qui répandit la grâce et la joie sur votre travail. Vous avez frappé à bonne porte, vous allez mettre votre main dans la main de l'épouse de votre choix ; vous allez lui passer au doigt l'anneau de la fidélité et vous promettre respect et amour jusqu'à la mort. A ces conditions seules vous serez heureux !

C'est ainsi, Monsieur et Mademoiselle, que je comprends l'origine et les suites de votre union. Le bonheur ne s'improvise pas en un jour : il y a une justice au Ciel. Le bonheur est un bienfait et une récompense. Jugez de ce qu'il sera quand vous boirez à deux à sa coupe dorée ! Aussi est-ce avec la plus grande confiance que j'appelle sur vos têtes les bénédictions de Dieu. Soyez donc mille fois bénis ! Soyez bénis par vos pères et par vos mères qui fusionnent en ce moment leurs souhaits et leurs vœux. Soyez bénis par votre frère, votre sœur et par cette couronne de parents et d'amis ! Que Dieu vous vienne en aide dans toutes vos entreprises ! Qu'il vous donne la prudence, la force et la santé pour bien diriger cette maison où vous allez régner, et qu'il vous accorde tout le bonheur que vous espérez et que vous méritez si bien.

Nimes. — Imprimerie Cremier Teyssier